BEI GRIN MACHT SICH IHR WISSEN BEZAHLT

AF149655

- Wir veröffentlichen Ihre Hausarbeit, Bachelor- und Masterarbeit

- Ihr eigenes eBook und Buch - weltweit in allen wichtigen Shops

- Verdienen Sie an jedem Verkauf

Jetzt bei www.GRIN.com hochladen und kostenlos publizieren

Bibliografische Information der Deutschen Nationalbibliothek:

Die Deutsche Bibliothek verzeichnet diese Publikation in der Deutschen National-
bibliografie; detaillierte bibliografische Daten sind im Internet über http://dnb.d-
nb.de/ abrufbar.

Impressum:

Copyright © 2015 GRIN Verlag, Open Publishing GmbH
Druck und Bindung: Books on Demand GmbH, Norderstedt Germany
ISBN: 978-3-668-07899-4

Dieses Buch bei GRIN:

http://www.grin.com/de/e-book/309348/alternativen-zum-fortschritt

Wilfried Hoffer

Alternativen zum Fortschritt?

Anders leben

GRIN Verlag

GRIN - Your knowledge has value

Der GRIN Verlag publiziert seit 1998 wissenschaftliche Arbeiten von Studenten, Hochschullehrern und anderen Akademikern als eBook und gedrucktes Buch. Die Verlagswebsite www.grin.com ist die ideale Plattform zur Veröffentlichung von Hausarbeiten, Abschlussarbeiten, wissenschaftlichen Aufsätzen, Dissertationen und Fachbüchern.

Besuchen Sie uns im Internet:

http://www.grin.com/

http://www.facebook.com/grincom

http://www.twitter.com/grin_com

Alternativen?

"(Es) wäre eine Vielzahl von Zukunftsperspektiven für Gesellschaften denkbar, die das Niveau ihrer materiellen Produktion beschränken, um sich anderen Idealen zu verschreiben, die aus ihrer Tradition erwachsen".

Wolfgang Sachs

Am 28 September 2008 gab sich Ekuador per Volksentscheid eine neue Verfassung. Ihr Ziel ist, den Bürgern ein "gutes Leben", *buen vivir,* zu gewähren, ein "Zusammenleben in Vielfalt und in Harmonie mit der Natur", wie es in der Präambel heißt.

Am 25. Januar 2009 gab sich Bolivien per Volksentscheid eine neue Verfassung mit dem gleichen Ziel des *buen vivir.*

Auch die Verfassungen Kolumbiens und Venezuelas wurden durch Volksabstimmungen angenommen und teilen Prinzipien wie partizipative Demokratie, kollektive, wirtschaftliche, soziale und kulturelle Rechte und anerkennen Rechtsansprüche indigener Gruppen.

Im selben Jahr 2009 erging ein *„Aufruf der indigenen Völker an das Weltsozialforum von Belem angesichts der Krise der Zivilisation"* und das Weltsozialforum verabschiedete eine Erklärung zum *„Guten Leben"* mit dem Leitsatz *„Wir wollen nicht besser leben, wir wollen gut leben".* Und 2010 wurde auf dem Weltsozialforum in Porto Allegre *buen vivir* als Alternative zum Wirtschaftswachstum jenseits von Kapitalismus und Realsozialismus eingehend diskutiert.

Im Morgengrauen des 01.01.1994 besetzte die indigene zapatistische Armee der Nationalen Befreiung, EZLN (Ejercito Zapatista de la

Liberacion Nacional) fünf Kreisstädte in Chiapas, Mexiko. An diesem Tag wurde die erste „Declaracion de la Selva Lacandona" verlesen, in der die EZLN dem mexikanischen Staat den Krieg erklärte. Sie berief sich dabei auf Artikel 39 der mexikanischen Verfassung, wonach die nationale Souveränität einzig und allein in den Händen der Bevölkerung liegt. Am selben Tag trat die Nordamerikanische Freihandelszone NAFTA in Kraft, heute mit ca. 457 Millionen Einwohnern neben der ASEAN und dem Europäischen Wirtschaftsraum eine der weltweit größten Freihandelszonen mit unbeschränktem Zugriff auf Waren, Kapital und Dienstleistungen in Kanada, Mexiko und den USA.

Die Gleichzeitigkeit von Unvereinbarkeiten.

Auf den Straßen von Seattle und Genua führten militante Jugendliche den Namen des 1919 ermordeten mexikanischen Revolutionsführers Emiliano Zapatas im Mund, in Italien entstand die Gruppe Ya Basta!, die erheblichen Anteil am Entstehen der antikapitalistischen Bewegung in Europa hatte, und linke Intellektuelle schwärmen vom Zapatismus als Rettung der Linken.

Grund dafür ist, dass die Zapatistas von Anfang an ihren Aufstand als Teil eines weltweiten Kampfes gegen Neoliberalismus begriffen und propagiert haben. Als sie im Sommer 1996 ein „Treffen für Menschlichkeit und gegen Neoliberalismus" mitten in Chiapas veranstalteten, an dem rund 5000 Menschen aus 42 Ländern teilnahmen, ließ das bereits die Entwicklung erahnen, die die weltweite Bewegung ab den Protesten in Seattle 1999 nehmen würde.

Seit über zwanzig Jahren wird in Lateinamerika über die sozialen, wirtschaftlichen und kulturellen Rechte der autochthonen Völker reflektiert und um sie gestritten. Die Festlegung dieser Rechte in

Verfassungen lateinamerikanischer Regierungen in jüngster Zeit kann als eine Vertiefung des demokratischen Prozesses gedeutet werden und weist eine transnationale Dimension auf. Sie kann aber auch als Wiedererweckung einer neuen alten Utopie (miss-) verstanden werden.

Das Konzept des *buen vivir* stellt einen Bruch mit der herrschenden Einheits-, Verwertungs- und Wachstumslogik dar und will als indigenes Wertesystem nachhaltigen Zusammenlebens, als gesellschaftliche Utopie wie auch als Ausweg aus der Dauerkrise des Kapitalismus verstanden werden. Es ist historisch gewachsen und eröffnet einen utopischen Horizont, gleichzeitig wird es in Politik umgesetzt. Das geht nicht ohne Streit, ohne ständige Interpretation und Widerspruch. Eduardo Gudynas, Exekutivsekretär des lateinamerikanischen *Zentrums für Soziale Ökologie* in Uruguay und Autor eines aktuellen Hintergrundpapiers über die Philosophie des *buen vivir* nennt es ein im Entstehen begriffenes Konzept. Als alternativer Diskurs zum Diskurs der Entwicklung verknüpfe es ethische Prinzipien der alten andinen Kultur, für die sich die autochtone Bevölkerung einsetze, mit zeitgenössischen Beiträgen kritischer intellektueller Strömungen wie der „décroissance", dem Ökosozialismus, dem Ökofeminismus oder der Anti-Globalisierungsbewegung, mit denen es Dissonanzen und Übereinstimmungen gebe. Man muss freilich eine klare semantische Unterscheidung treffen zwischen dem Konzept von *buen vivir* und den indigenen Prinzipien, aus denen es sich speist. Das Konzept *Sumak Kawsay* der Quetschua und ähnlicher Begriffe anderer autochthoner andiner Volksgruppen bezieht sich auf Weltanschauungen, die in die Moderne kaum übertragbar sind (oder sich bewusst von ihr abschotten) und zu fundamentalistischen Auswüchsen führen können. Das Konzept des *buen vivir* hingegen will den Dialog mit der Moderne und aktuellen

Formen kritischer Theorien.

Um zu zeigen, dass *buen vivir* vielfältige Wurzeln hat, folgt ein Überblick über

Bisherige Ansätze

Kritik an der Wachstumsgesellschaft wurde erstmalig 1969 im Bericht der *Kommission für Internationale Entwicklung* der Weltbank (Pearson-Bericht) artikuliert, der das Wachstumsmodell für gescheitert erklärte. 1972 wurde sie zu einem öffentlichen Thema durch den Bericht des Club of Rome, „Die Grenzen des Wachstums". Gefördert von der Volkswagenstiftung, war er von einem Team von 17 Wissenschaftlern am Massachusetts Institute of Technology erarbeitet worden und ist in erster Linie mit dem Namen Meadows verbunden. Der Bericht beschäftigte sich mit den Wechselwirkungen zwischen Bevölkerungsdichte, Landnutzung, Umweltzerstörung, Energie Nahrungsmittelressourcen u.a.m. und entwickelte mittels Computersimulation eine Reihe von Szenarien. Die unveränderte Fortsetzung der Wachstumspolitik würde, so das Ergebnis, ein starkes Anwachsen der Weltbevölkerung bei ungenügender Steigerung der Nahrungsmittelproduktion, eine durch wachsende industrielle Produktion verursachte beschleunigte Umweltzerstörung und die Erschöpfung der wichtigsten Rohstoffe wie Erdöl, Erdgas und Eisenerz zur Folge haben.

Die Reaktionen darauf waren ernüchternd und partielle Kritiken wie der Vorwurf der unterschiedlichen Verwendung von Wachstumsfunktionen wurden zur generellen Diskreditierung benutzt.

Dahin gegen fand 2008 eine Studie der *Commonwealth Scientific and Industrial Research Organisation* eine deutliche Übereinstimmung mit Vorhersagen des Standardszenarios. Und Ende 2012, 40 Jahre danach, erklärte Meadows in einem Interview mit Le Monde, dass die wesentliche damals getroffene Feststellung nach wie vor gültig sei: dass nämlich das Überschreiten der physikalischen Grenzen des Systems zu dessen Zusammenbruch führe. Das Wachstum werde enden, die aktuellen Erschütterungen der Eurozone stellen nur einen kleinen Teil jener Veränderungen in den Bereichen Politik, Umwelt, Wirtschaft und Technik dar, die sich bis 2030 ereignen werden.

„Wenn Ihre ganze Politik auf Wachstum ausgerichtet ist, wollen Sie nicht vom Ende des Wachstums reden hören".

Wie das japanische Sprichwort sagt: wenn der Hammer das einzige Werkzeug ist, gleicht alles einem Nagel.

Während die einen durch auf Dauer sinkendes Wachstum alarmiert sind, propagieren andere die „décroissance", also „Minuswachstum" als unausweichlich. Die einen, das sind die noch dominierenden Ökonomen und fast alle Politiker. Unter den anderen finden sich ebenfalls Ökonomen, auch ganz prominente wie Joseph Stiglitz, ehemals Chefvolkswirt der Weltbank und Träger eines Nobelpreises für Wirtschaft. **Unsere Gesellschaften stehen vor einem Dilemma**: Ohne Wachstum besteht das Risiko eines wirtschaftlichen und sozialen Zusammenbruchs. Weitermachen wie bisher gefährdet das Ökosystem und damit langfristig unser Überleben. Langfristig? Bis Ende des Jahrhunderts müsste CO^2 eliminiert werden, das Gegenteil ist wahrscheinlicher, denn Milliarden wollen so leben wie wir es noch tun. Sind die einen völlig blind, die anderen Untergangspropheten? Die einen klammern sich an die Hoffnung auf immer während en technologischen Fortschritt, die anderen halten eine andere Wirtschaftsform für unvermeidlich.

Was ist das für ein System, fragen mehr und mehr, in dem immer Neues produziert wird, damit immer mehr konsumiert wird? Das so tut, als seien die Ressourcen unerschöpflich?

Das Ende von Lehmann Brothers hat nicht nur eine Liquiditätskrise angezeigt, es war ein tiefer Sprung in der glänzenden Oberfläche des Kapitalismus. „Empört Euch" war ein überraschender Bestseller, der aussprach, was sich seit Jahren weltweit vollzieht: Unruhen derer, die nicht mithalten können, der Opfer wachsender sozialer Ungleichheit, aber auch solcher, die nicht mehr mithalten wollen, die nicht mehr an ein richtiges Leben im falschen glauben. Mehr dazu später.

In Bhutan wurde, auch im Jahr 1972, die Vision vom **Bruttosozialglück** formuliert. Der *Gross National Happiness-Index* soll auf vier Ebenen verwirklicht werden: wirtschaftliche Entwicklung, Schutz der Kultur, Schutz der Natur und gute Staatsführung (good governance). Letztere ist auch eine der neun Dimensionen: psychisches Wohlbefinden, Gesundheit, Zeitverwendung, Bildung, kulturelle Vielfalt und Belastbarkeit, good Governance, Vitalität der Gemeinschaft, Ökologische Vielfalt und Widerstandsfähigkeit, Lebensstandard. 2010 erklärten sich 8,3% der Bevölkerung Bhutans für "zutiefst glücklich", 32,6% für „ziemlich glücklich", 47,8% für „gerade noch glücklich" und 10,4% für „unglücklich" . Zunehmender Tourismus und die Öffnung für moderne Medien werden das Glücksgefühl beeinflussen.

Im April 2012 fand in der UNO auf Initiative Bhutans ein Treffen auf hohem Niveau **(high-level meeting)** zu **„Wohlbefinden und Glück"** statt, um ein neues ökonomisches Paradigma zu definieren. Das internationale Streben nach Änderung wurde deutlich, als die 193 Mitgliedstaaten der Generalversammlung der Vereinten Nationen im Konsens die Resolution 65/309 "Glück: Auf dem Weg zu einem ganzheitlichen Ansatz für Entwicklung" annahmen. Diese Resolution nennt Glück ein grundlegendes menschliches Ziel, eine „universelle Sehnsucht" und stellt fest, dass

„das BIP aufgrund seiner Natur dieses Ziel nicht reflektiert, dass nicht nachhaltige Produktion und Konsum nachhaltige Entwicklung behindern und dass ein umfassenderer, gerechterer und ausgewogenerer Ansatz notwendig ist, um Nachhaltigkeit zu fördern, Armut zu beseitigen und das Wohlbefinden zu verbessern."

Generalsekretär Ban Ki-moon wies daraufhin, dass die Auffassung, „Bruttonationalglück" sei wichtiger als Bruttoinlandsprodukt, auch anderswo Boden gewinne.

Er nannte die Beyond GDP-Initiative der Europäischen Union zur Entwicklung von Indikatoren, die den globalen Herausforderungen des 21. Jahrhunderts wie Klimawandel, Armut, Ressourcen-verbrauch, Gesundheit und Lebensqualität besser entsprechen als das Bruttosozialprodukt.

„Das BIP misst alles außer dem, was dafür sorgt, dass das Leben wert ist, gelebt zu werden"

Robert Kennedy

Schon im Bericht der von Altkanzler Willy Brandt geleiteten Nord-Süd-Kommission aus dem Jahr 1980 steht zu lesen:

"Entwicklung ... trägt in sich nicht nur die Idee des materiellen Wohlstands, sondern auch die von mehr menschlicher Würde, mehr Sicherheit, Gerechtigkeit und Gleichheit."

1987 führte der Brundtland-Bericht „Unsere gemeinsame Zukunft" den Begriff der Nachhaltigkeit in die Entwicklunsdiskussion ein:

"Nachhaltige Entwicklung ist eine Entwicklung, die die Lebensqualität der gegenwärtigen Generation sichert und gleichzeitig zukünftigen Generationen die Wahlmöglichkeit zur Gestaltung ihres Lebens erhält."

Mittlerweile wird der Begriff inflationär und beliebig verwendet; einige betonen die menschlichen Bedürfnisse heute, andere die zukünftiger Generationen, einige die Erhaltung der Biodiversität und anderen wird vorgeworfen, dass sie das dominierende Gesellschaftsmodell aufrecht zu erhalten versuchen, indem sie die *„Lebensqualität der gegenwärtigen Generation"* sichern wollen.

Die in Frankreich schon in den 60er Jahren entwickelte **Idee der „décroissance" (Minuswachstum)** ist ein politisches, soziales und wirtschaftliches Konzept, das vor allem einen Mentalitätswandel bedeutet, die Aufgabe des Ideals Wachstum um des Wachstums willen und der Vorstellung, dass die Gesundheit einer Gesellschaft mit der Wachstumsrate gemessen werden kann. Die „décroissance" kritisiert die sich abzeichnende Entwicklung zu einer Gesellschaft der Anhäufung, des Unmaßes, einer Welt die auf Kosten der Umwelt lebt. Dies erforderte, den 'ökologischen Fußabtritt' zum Maßstab zu nehmen (z.B. bei den Transport-kosten), eine drastische Senkung des Energieverbrauchs und die Wiederherstellung einer klein-bäuerlichen Landwirtschaft. Auch Arbeitszeitverkürzung gehört zu den angedachten Maßnahmen. Wie es in der Charta der „décroissance" heißt, schlägt sie nicht vor *„'weniger' zu leben sondern 'mehr', mit weniger Gütern und mehr Bindungen"*.

1982 wurde mit dem Buch *La fin du développement, naissance d'une alternative? (Das Ende der Entwicklung, Geburt einer Alternative?)* des französischen Ökonomen, ehemaligem Entwicklungsbanker und 'konvertierten' Entwicklungshelfers François Partant einmal mehr das Ende einer Ära ausgerufen. Für Partant besteht eine enge Beziehung zwischen Entwicklung und kolonialer Herrschaft und er leugnet die Möglichkeit, das industrielle und konsumorientierte Modell zu generalisieren.

Weiter gehen die Vordenker des **Post-development** – Ansatzes, die in dem 1992 von Wolfgang Sachs, Soziologe und Theologe vom Wuppertal Institut für Klima, Umwelt, Energie herausgegebenen „The Development Dictionary" zu Wort kamen. Post-Development meint eine Alternative zur Entwicklung, nicht eine der Entwicklung. Der Begriff Entwicklung wird als eurozentrisch abgelehnt. Dabei erstreckt sich die Kritik jedoch keineswegs nur auf die Entwicklungszusammenarbeit im herkömmlichen Sinne, sondern auf jeglichen Versuch der Übertragung des westlichen Gesellschaftsmodells auf den Süden. Zu den bedeutendsten Vertretern dieser Bewegung, die als Reaktion auf die Ideologie der Strukturanpassung, Liberalisierung und Deregulierung und ihrer Auswirkungen auf die Entwickungspolitik entstand, gehören Intellektuelle aus Lateinamerika wie der kolumbianische Anthropologe Arturo Escobar, der sich u.a. mit sozialen Bewegungen Lateinamerikas beschäftigt oder Gustavo Esteva, IBM- und Bankmanager, Präsidentenberater, der von der „Erfindung" der Unterentwicklung spricht:

„An jenem Tag der Rede Trumans am 20.Januar 1949:„Wir müssen uns auf ein kühnes neues Programm einlassen, das die Frucht unserer wissenschaftlichen und industriellen Fortschritte für die Verbesserung und das Wachstum der unterentwickelten Gebiete verfügbar macht." wurden zwei Milliarden Menschen ‚unterentwickelt'. Das hieß, sie hörten von jenem Tag an auf, das zu sein, was sie waren, in all ihrer Vielfalt, und wurden auf magische Weise zur Spiegelung der Realität von jemand anderem."

Beeinflusst von Ivan Illich und Wolfgang Sachs zeigte er besonderes Interesse für die Indigenen in Mexiko, die Jahrhunderten der Kolonisierung widerstanden hätten und sich nun, wie die Zapatisten, der 'Kolonisierung' durch die modernen Regierungen widersetzten. Auch

Majid Rahnema, ehemaliger iranischer Minister, UN-Diplomat und Gründer des *„Institute for Studies of Endogenous Development"* gehört dazu. Für ihn ist **'Entwicklung' eine Ideologie des Westens**, die die Kolonisierung mit anderen Mitteln fortsetze.

In jüngerer Zeit ist es vor allem Aram Ziai von der Universität Bonn, der versucht, die Post-Development-Diskussion in Deutschland voranzutreiben. Auch Ziai sieht eine grundlegende Ähnlichkeit der Diskursstruktur des Kolonialdiskurses einerseits und des Entwicklungsdiskurses andererseits. Beide Diskurse sind nach Ziai eurozentrisch und bergen Gewaltpotential in sich. Die Welt werde in einen überlegenen und in einen unterlegenen Teil dividiert. Gegensätzliche Subjektidentitäten werden konstruiert, wobei die Verschiedenartigkeit des „Anderen" das heißt der Eingeborenen und später der Unterentwickelten nur partiell anerkannt werde, da dieser „Andere" am Ende eines linearen Prozesses wie der „Eigene" werden solle. Ziai unterscheidet zwischen dem konservativen Post-Development-Diskurs, der von Antimodernismus und Überbewertung der Tradition zeuge und dem skeptischen Post-Development-Diskurs, der für ein Projekt der radikalen Demokratie plädiere und ein emanzipatorisches Potenzial in sich berge.

Übereinstimmend urteilen die Post-Development-Autoren, dass der herkömmliche Entwicklungsbegriff als Orientierung der „Unterent-wickelten" allein schon deshalb untauglich sei, weil es die ‚entwickelten' Wachstums-gesellschaften seien, welche die Umwelt bedrohen und teilweise zerstören.

Auffallend wenn auch nicht überraschend ist, dass die Fundamentalkritik des Post-Development-Ansatzes keinen Eingang in die Durchführungs-organe der Entwicklungszusammenarbeit in Deutschland, insbesondere der GIZ, gefunden hat.

Auch die **Ökosozialisten** halten Umweltschutz und Wachstumsideologie für unvereinbar. Ökosozialistische Positionen wurden schon lange vor den Neuen Sozialen Bewegungen formuliert und dominierten die „Grünen" bis zum Ende der 80er Jahre. Wie die Umweltschützer kritisieren sie die Vermarktung der Natur, halten aber der kapitalistischen Logik inhärente Regulierungen wie den Emissionshandel für unzureichend.

2001 veröffentlichten der Amerikaner Joel Kovel und der Franzose Michael Lowy *„An Ecosocialist Manifesto"* als eine sozialistische Antwort auf die Umweltzerstörung des Planeten mit dem Ziel der Transformation von Bedürfnissen und einer tiefgreifenden Veränderung in Richtung auf die qualitative Dimension:

„Der tiefste Schatten, der über uns hängt, ist weder Terror, Umweltkollaps, noch globale Rezession. Es ist der verinnerlichte Fatalismus, der keine Alternative zur kapitalistischen Weltordnung für möglich hält."

Die 2005 gegründete Bildungsgemeinschaft SALZ e.V. (*Soziales, Arbeit, Leben & Zukunft)* veröffentlichte2012 die Erklärung *„Für eine ökosozialistische Wende von unten",* wonach die kapitalistische Produktionsweise „mit einem ökologisch verantwortlichen Wirtschaften und einer lebenswerten zukunftsfähigen Welt nicht vereinbar" ist.

SALZ versteht sich, ebenso wie die *Initiative Ökosozialismus,* die 2004 die Streitschrift *Ökosozialismus oder Barbarei* herausgab,die britische *Alliance for Green Socialism* oder die dänische *Socialistik Folkeparti* als Teil des *Ecosocialist International Network.*

Ökofeminismus, der Begriff wurde 1974 von der Französin Françoise d'Eaubonne in ihrem Werk *Le féminisme ou la mort* erstmals formuliert und v.a.in den USA aufgegriffen, wo 1980 die erste ökofeministische Konferenz stattfand. Der Ökofeminismus sieht viele Parallelen zwischen der Unterdrückung der Frau im Patriarchat und der Ausbeutung der Natur. Somit sei keine ökologische Revolution ohne eine feministischen Revolution denkbar, denn sie allein könne dem Beherrschungssystem der Männer über die Natur und die Frauen abhelfen. In Deutschland veröffentlichten Maria Mies und Vandana Shiva 1995 *Ökofeminismus, Beiträge zur Praxis und Theorie.*

Anti-Mondialismus und Alter-Mondialismus, Globalisierungskritiker und Globalisierungsgegner

Globalisierungskritik kam in den 90er Jahren auf und wurde durch die Finanzkrise 2008 kräftig wiederbelebt. Globalisierung sei die Ursache der Ungleichheit von reich und arm weltweit, des Abbaus von sozialen Rechten, der Privatisierung öffentlicher Aufgaben (Bildung, Gesundheit, Alters-vorsorge) und öffentlicher Güter (zum Beispiel im Bereich der Wasser- und Energieversorgung), der unkontrollierten Macht multinationaler Konzerne, des Protektionismus der Industrieländer, der Zerstörung der Umwelt sowie der Missachtung der Menschenrechte und des Verlusts an kultureller Vielfalt.

Globalisierungsbefürworter begrüßen das stetige Wachstum der Weltwirtschaft, die grenzenlosen Kommunikationsmöglichkeiten und halten die liberale Ausrichtung des Welthandels für die effektivste Form der Koordination der Wirtschaft. Außerdem, ein Totschlagsargument, lasse sich die Globalisierung nicht verhindern.
Der „Altermondialismus" ist eine "Meta-Bewegung", so der französische Politologe Patrick Moreau. Sein Organisationsprinzip seien nationale und transnationale Netzwerke, bei denen sich schematisch mehrere große Denkrichtungen mischten. Zu diesen Netzwerken gehören Nichtregie-

rungsorganisationen wie *attac*, Gewerkschaften, Bauern-bewegungen wie *Via Campesina, Navdanya* oder die *Confédération Paysanne* mit Josephe Bové. Auch das *Third World Network* mit Sitz in Penang, Malaysia und Büros in Accra, Genf, Goa und Montevideo kann dazu gezählt werden. Viele dieser Akteure richten ihre Kritik vor allem an Weltbank, IWF, WTO und multinationale Konzerne, verlangen deren globale Regulierung und die Stärkung der UNO. Andere, insbesondere in Lateinamerika, fordern die Stärkung des Nationalstaates gegenüber dem Markt.

Die Altermondialisten wollen, im Gegensatz zu den Gegnern der Globalisierung, eine 'andere' Globalisierung.

In Deutschland ist attac (die 1998 in Frankreich gegründete *Association pour la taxation des transactions financières pour l'aide aux citoyens,* Verein zur Besteuerung von Finanztransaktionen zur Hilfe der Bürger)die bekannteste und mitgliederstärkste Organisation,die sich mit vielen Themen im Zusammenhang mit Globalisierungsprozessen befasst. Die Kritik an der Globalisierung fällt dabei nicht immer gleich aus. Sowohl die Benennung von Problemen als auch die Lösungsvorschläge unterscheiden sich deutlich. Häufig besteht auch Uneinigkeit darüber, ob Probleme allein durch die Globalisierung entstanden sind, durch diese verstärkt werden oder ob deren Einfluss vernachlässigbar ist.

Die Wahrnehmbarkeit der Globalisierungskritik hängt von zwei Faktoren ab: einmal von Manifestationen wie Ende 1999 in Seattle oder im Sommer 2001 in Göteborg und Genua. Der andere Faktor, der mediale Aufmerksamkeit erregt, sind Stellungnahmen international bekannter Persönlichkeiten wie Joseph Stiglitz, Nobelpreisträger der Ökonomie und ehemaliger Chefvolkswirt der Weltbank, der Schweizer Soziologe und Politiker Jean Ziegler, ehemaliger UN-Sonderberichterstatter für das Recht auf Nahrung, Noam Chomsky, einer der weltweit bekanntesten kritischen Intellektuellen, Linguist und bekennender Anarchist und Sozialist oder die Schriftstellerinnen Viviane Forrestier aus Frankreich, deren 1996 erschienenes Werk *Der Terror der Ökonomie* zum Bestseller und in 27 Sprachen übersetzt wurde. Arundhati Roy, politische Aktivistin aus Indien gehört dazu, ebenso die Kanadierin Naomi Klein, deren 2000 erschienenes Buch *No Logo* ein Weltbestseller wurde, vom britischen Observer als *„Das Kapital der wachsenden Antiglobalisierungsbewegung"* bezeichnet. Die öffentliche Aufmerksamkeit kann zur Selbstüberschätzung der Bewegung führen, wenngleich nicht geleugnet werden kann, dass manche Kritik auch in politische Kreise Einzug gehalten hat: 2009 zeigte die von Nicolas Sarkozy einberufene „Commission on the Measurement of Economic Performance and Social Progress" unter der Leitung von Joseph Stiglitz in ihrem Abschlussbericht die Unzulänglichkeiten des BIP als Indikator für sozialen Fortschritt und Wirtschaftsleistung auf und forderte die Einbeziehung von ausserökonomischen und Nachhaltigkeitsaspekten. „Adieu à la croissance" heisst das Buch des Ökonomen Jean Gadrey, ein Mitglied der *Kommission Stiglitz,* dem zufolge die Sucht nach Wachstum die größte Bedrohung der Menschheit ist.

Ende 2010 hat der Deutsche Bundestag eine Enquete-Kommission zum Thema „Wohlstand, Wachstum, Lebensqualität - Wege zu nachhaltigem Wirtschaften und gesellschaftlichem Fortschritt in der Sozialen Marktwirtschaft" eingesetzt. Im Januar 2013 wurde der 957 Seiten umfassende Abschlussbericht veröffentlicht, aber wenig zur Kenntnis genommen. Die *Wirtschaftswoche* schrieb, die Enquete-Kommission präsentiere *„ein Trauerspiel der intellektuellen Bedürftigkeit".* Vor allem Union und FDP hätten zu der *„vielleicht wichtigsten Frage der Zeit"* absolut nichts zu sagen, der Bericht über den Stellenwert des Wachstums sei *„ein Zeugnis absoluter Leere".* Und *der Freitag* titelt: *Ein*

Herz für den deutschen Wohlstand. In der Tat enthält der Bericht Einsichten wie der Notwendigkeit *„einer Veränderung von Lebensstilen und Konsummustern"* aber schließlich hat die Parteiräson der Regierungskoalition gesiegt.

Aus Enttäuschung über das dürftige Ergebnis, das freilich von der INITIATIVE NEUE SOZIALE MARKTWIRTSCHAFT begrüßt wurde, hat der Leipziger Think Tank *„Konzeptwerk Neue Ökonomie"* den „Appell für eine Wirtschaftswende" initiiert, der den Abschied vom Wachstum als Lösungsstrategie fordert.

Auch die *Weltsozialforen* fordern eine *andere Globalisierung,* verantwortungsbewusstes Denken und Handeln für das Wohl der ganzen Welt. Das erste fand 2001 in Porto Allegre in Brasilien als Gegenveranstaltung zum Weltwirtschaftsforum in Davos und zu anderen Wirtschaftsgipfeln statt. Es versteht sich als „offener Treffpunkt" für Debatte und Austausch. Der Slogan „Eine andere Welt ist möglich" wird mittlerweile von vielen Gruppen und Organisationen zum Motto erhoben, die sich, meist ausgehend von jeweils lokalen Problemen für Gleichheit, Gerechtigkeit und freien Zugang zu und Umverteilung von Ressourcen einsetzen und eine „Globalisierung von unten" fordern, wie, um nur ein Beispiel zu nennen, der *Ökumenische Rat der Kirchen.*

Seit 2001 fanden 11 Foren statt, oft nach vorherigen regionalen Foren. Das 6. Weltsozialforum wurde 2006 gleichzeitig in Bamako (Mali), Karatschi (Pakistan) und Caracas (Venezuela) organisiert, das 8. Weltsozialforum fand im Februar 2011 in Dakar/Senegal statt:

Rund 60'000 Teilnehmende von 1'200 Organisationen (500 aus Afrika und 700 aus den anderen Kontinenten) diskutierten, begegneten und vernetzten sich während einer Woche unter dem Motto: *„Eine andere Welt ist möglich".* In über 1.000 Werkstätten fanden Begegnungen statt, die kreuz- und-quer verliefen: Süd-Süd, Süd-Nord, Nord-Nord. Eine *„Erklärung der Versammlung der sozialen Bewegungen"* rief den 20. März zum Tag der internationalen Solidarität mit dem Aufbruch der afrikanischen und arabischen Völker aus und den 12. Oktober zum globalen Aktionstag gegen den Kapitalismus, der zerstörerische Auswirkungen auf die Menschen und die Natur habe.

In der *Charta der Prinzipien* der Weltsozialforen heißt es u.a., dass sich Gruppen und Bewegungen der Zivilgesellschaft *„dem Neoliberalismus und der Weltherrschaft durch das Kapital und jeder möglichen Form des Imperialismus widersetzen und sich für den Aufbau einer planetarischen Gesellschaft engagieren, die auf lebensbejahenden Beziehungen innerhalb der Menschheit und zwischen dieser und der Erde beruht. "*

Die vorgeschlagenen Alternativen stellen sich einem Prozess der Globalisierung entgegen, der von den großen multinationalen Konzernen sowie den nationalen Regierungen und internationalen Institutionen gesteuert werde, die die Konzerninteressen bedienen. Ein wichtiges Ziel der Weltsozialforen ist die Vernetzung mit immer mehr Bewegungen, Gruppen und Organisationen, die, so verschieden sie sein mögen, den Prinzipien der Charta verpflichtet sind.

Radikale Globalisierungsgegner fordern die völlige Abkehr von der Globalisierung. Sie gehen davon aus, dass die Aussage von Percy Barnevik, des Präsidenten der Asea-Brown-Bovery-Gruppe die Ziele der Globalisierung auf den Punkt bringe:

„Ich definiere Globalisierung als die Freiheit unserer Firmengruppe, zu investieren, wo und wann sie will, zu produzieren, was sie will, zu kaufen und zu verkaufen, wo sie will, und alle Einschränkungen durch Arbeitsgesetze oder andere gesellschaftliche Regulierungen so gering wie möglich zu halten. "

Für sie ist die brutale Reaktion der Polizei in Genua der Beweis dafür, dass die Akteure der Globalisierung – von der Weltbank bis zu den multinationalen Konzernen - und ihre 'Handlanger', die Regierungen, ihre Interessen mit jedem Mittel durchsetzen werden. Auch hier hieße es im Zweifel: keine Alternative der Globalisierung, eine Alternative zur Globalisierung.

Zu den radikalen Globalisierungsgegnern gehören die *Zapatisten* und die ihnen nahestehende Plattform *Peoples Global Action,* das infolge der Ereignisse von Seattle sich formierende *Direct Action Network,* ein Bund von anti-autoritärenGruppen, Kollektiven und Organisationen mit anarchistischer Affinität, der sich besonders gegen multinationale Konzerne und Institutionen richtet oder auch der *Schwarze Block.* in Italien entstand die Gruppe Ya Basta!, die erheblichen Anteil am Entstehen der antikapitalistischen Bewegung in Europa hatte. Insgesamt handelt sich um eine kleine Minderheit, die jedoch das Interesse staatlicher Einrichtungen wie z.B. des Niedersächsischen Ministeriums für Inneres und Sport gefunden hat, dessen „Themen-und Aktionsfelder" Antifaschismus und Antirassismus, Kernenergie und Anti-Globalisierung lauten.

Ein weiteres Feld der Globalisierungskritik bezieht sich auf die 'Politphilosophie'. Die bestehende Form der Demokratie gerate durch die Globalisierung in eine Krise, die sich u.a. in der nur schwer zu präzisierenden „Unzufriedenheit" breiter Teile der Bevölkerung artikuliere. Die Repräsentierten, das Volk, fühle sich von den sie repräsentierenden Abgeordneten respektive den Regierenden häufig nicht vertreten. Ein Instrument, das Abhilfe schaffen soll, ist der Volksentscheid, der, punktuell, ein bestimmtes Thema zur Abstimmung stellt. Der andere Weg, der zunehmend im linken Spektrum diskutiert wird, ist die

„konstituierende Macht", ein Begriff den Antonio Negri, Politikwissenschaftler, vorgeblicher Kopf der *Roten Brigaden* (zu 30 Jahren verurteilt, nach Frankreich entflohen) 1992 wiederbelebte und der vor allem in Lateinamerika aufgegriffen wurde. Wie Dario Azzellini, italienischer Autor, Dokumentarfilmer und Politikwissenschaftler an der Universität Linz schreibt, wurde in Venezuela ein

„‹Aufbau von zwei Seiten› begonnen, der sowohl Strategien und Herangehensweisen ‹von unten› wie ‹von oben› umfasst."

Von unten heißt, dass die „Multitude", ein Netzwerk, ein offenes Beziehungsgeflecht, ein Ensemble von Individualitäten die konstituierende Macht darstellt, gemeinsam Veränderung will und der Staat diese Veränderungsprozesse begleitet und unterstützt, während andere vom Staat und den Institutionen, von der konstituierten Macht, also „von oben" Veränderung erwarten. Es handelt sich um unterschiedliche Demokratiekonzepte: die repräsentative Demokratie einerseits und Demokratie als Selbstbestimmung des demos andrerseits. Oder, wie Robin Celikates, Politologe und Professor für Philosophie an der Universität von Amsterdam überspitzt, zwischen

„einer Politik der permanenten, ununterbrochenen Revolution und einer Politik des Staates als der institutionellen Ordnung."

Die linke Theorie und Praxis entzweit sich vor allem in der Frage des Verhältnisses zum Staat. Während die einen, ähnlich wie die Neoliberalen - wenn auch aus ganz anderen Gründen - die Rolle des Staates limitiert sehen, weil, so Azzellini, ein „emanzipatorischer Transformationsprozess" nicht mittels des Staatsapparates bewerkstelligt werden könne, erwarten andere, dass der Staat die multinationalen Konzerne und Institutionen reguliert.

Zurück zu **Buen vivir**

Die Untersekretärin des Planungsamtes von Ekuador, Ana María Larrea schrieb 2010:

"Beim Versuch, die andinen Konzepte zu erklären, musste ich auf das »Wir« zurückgreifen, weil die Welt nicht aus der Perspektive des »Ichs« des Abendlandes verstanden werden kann. Die Gemeinschaft sorgt, schützt, fordert und ist Teil von uns. Folglich ist das andine Denken ein kollektives."

buen vivir ist noch 'im Bau', so Eduardo Gudynas, Ökologe aus Urugay, Direktor des dortigen *Centro Latino Americano de Ecología Social (CLAES),* Mitglied des UN-Klimarates und führender Denker des *buen vivir.* Er definiert es als Engagement für einen Wandel, der die Anwendung eines neuen wirtschaftlichen Paradigmas anstrebt, dessen Zielsetzung sich nicht auf materielle Anhäufung konzentriert, sondern auf die Förderung einer inklusiven, nachhaltigen und demokratischen wirtschaftlichen Strategie. *Buen vivir* verstehe sich als Übergang des aktuellen Anthropozentrismus zu einem Bio-Pluralismus und fordere Gleichheit, soziale Justiz, die Anerkennung des Dialogs sowie die Aufwertung der Völker und ihrer Kulturen, ihres Wissens und ihrer Lebensstile, die *Pluri-Nationalität.* Doch verharre es nicht in allgemeinen abstrakten Postulaten, wie viele kritisieren, sondern werde konkret: Die ekuadorianische Verfassung fordert, dass Entwicklung im Dienst des *buen vivir* zu stehen hat und den Zugang zu Wasser, Luft-und Bodenqualität sowie zu den Produkten von natürliche Ressourcen garantieren soll. *Buen vivir* erfordere, dass

"Einzelpersonen, Gemeinschaften, Völker und Nationalitäten ihre Rechte effektiv genießen und im Rahmen der Interkulturalität, der Achtung ihrer Vielfalt und des harmonischen Zusammenlebens mit der Natur "(Art. 275)

handeln. So wurde z.B. eine Priorität für die Nutzungsordnung des

Wassers festgelegt: für menschlichen Konsum zuerst, dann zur Nahrungsmittel-herstellung, danach für andere Produktionen. Ziel der Agrarpolitik ist Nahrungssicherheit, die den Schutz der Böden und die adäquate Wassernutzung beinhaltet. Auch lassen sich aus dem *Buen Vivir* Fragen ableiten für ein ökologisches und soziales Energiekonzept: Wer braucht wie viel Energie wofür? Wer produziert sie mit welchen Mitteln? Wer entwickelt das Energiekonzept?

Buen vivir setze einen „Post-Extraktivismus" voraus, so Gudynas. Künftig dürfte nur mehr unentbehrliche Rohstoffausbeute zugelassen werden. Der Appetit der zeitgenössischen Gesellschaften auf natürliche Ressourcen und Energie müsse reduziert werden, sodass diejenigen, die in Armut leben, Zugang zu unerlässlichen Gütern und Dienstleistungen haben. Künftig werde Verbrauch zweifellos eingeschränkt aber auch solidarisch sein, sodass Lebensqualität nicht mehr nur durch materiellen Konsum definiert werde, sondern auch andere Dimensionen des Wohlbefindens einschließe. Gegenüber **CIDSE***(Coopération Internationale pour le Développement et la Solidarité)*, einem Zusammenschluss von 17 katholischen Entwicklungsorganisationen,sagte Gudynas, Luxus werde es zwar weiterhin geben, er würde jedoch *„sehr, sehr, sehr teuer"* werden, denn künftig würden die sozialen und ökologischen Kosten eingepreist. Außerdem sollen Rohstoffe künftig vor allem für den regionalen Bedarf gefördert werden und nicht für den Export. Das Bild von Lateinamerika als billiger Rohstofflieferant werde sich ändern (müssen).

Zur Debatte im Westen über Niedrig- oder Nullwachstum wendet Gudynas ein, dass sie eine Folge von *buen vivir* sein könne, aber nicht dessen Voraussetzung. Der Überkonsum von einigen Gruppen, zum Beispiel der sehr Reichen, müsse sicherlich abnehmen, da müsse es in der Tat weniger Wachstum geben. Aber andrerseits müssen einige

Sektoren wie Bildung, Gesundheit, Abwasser- und Abfallentsorgung wachsen. Das Endergebnis könne Wachstum oder kein Wachstum sein. In seiner Vision wird Globalisierung durch Eigenständigkeit ersetzt, werden Länder und Kontinente so weit wie möglich für sich selbst sorgen. Das werde weitreichende Folgen haben, bedeute jedoch nicht Isolation. Im Gegenteil werde es zu Arbeitsteilung zwischen Ländern und Regionen kommen und zu Kooperation wie z.B. am Titicacasee, der von Peru und Bolivien gemeinsam gemanagt wird. Überschüssige Lebensmittel und andere Güter würden exportiert werden, sofern deren Produktion Sozial-und Umweltstandards erfüllt. Und Dienstleistungen könnten ohne Einschränkung 'exportiert' werden.

Ein weiterer Begriff, der in den andinen Kulturen, insbesondere der Aymaras, Quechuas und Kichwas, eine wichtige Rolle spielt ist *Pacha Mama*. Pascha bedeutet in der Sprache der Aymara Weltall, die Ordnung des Universums. *Pacha Mama*bezeichnet die Umwelt, in die das Individuum eingebettet ist. Es kennt nicht den klassischen europäischen Dualismus, der Gesellschaft und Natur in zwei unterschiedliche und klar abgegrenzte Bereiche trennt. In der andinen Welt sind die Menschen Teil der Umwelt, die nicht nur als physische und biologische sondern auch als soziale verstanden wird.

Ein aktuelles Beispiel des Konflikts zwischen der Bewahrung der Natur und der Ausbeutung ihrer Ressourcen, zwischen den Protagonisten des *buen vivir* und den 'Realpolitikern' ist der Nationalpark Yasuni, der von globaler Bedeutung für den Biodiversitätsschutz ist, weil er zu den artenreichsten Orten der Welt gehört. Der ekuadoranische Präsident hatte bekanntlich vorgeschlagen, auf die Ausbeute der dort gelegenen Erdölvorkommen zu verzichten, wenn die Weltgemeinschaft die Hälfte des Wertes durch einen Fonds kompensiere. Dies würde während 30

Jahren schätzungsweise 350 Millionen US-Dollar pro Jahr ausmachen, welche für die nachhaltige Entwicklung des Landes verwendet werden sollten. Nachdem gerade einmal 335 Millionen $ zugesagt worden waren – die deutsche Regierung lehnte jede Beteiligung ab - gab der Präsident im August 2013 die Ölbohrung unter bestimmten Auflagen frei.

Diese Initiative des Präsidenten, mit der Zerstörung einer Biosphäre zu drohen, falls es keine Kompensation gebe, war von einigen als unmoralisch bezeichnet worden. Andere wandten ein, dass hier Umwelt gegen Ökonomie aufgerechnet werde. Außerdem stellt sich die Frage, wie ernst es die Regierung mit dem Recht der Natur nimmt, wenn sie den Schutz des Parks zumindest teilweise aufhebt. Daraus wird deutlich, dass solche internen Widersprüche durch die neue Verfassung nicht aufgelöst werden.

Bedeutet das, dass diese Konzepte so spezifisch sind, dass sie nicht auf andere Gesellschaften übertragen werden können?

Der marxistische Soziologe und Lateinamerikawissenschaftler Dieter Boris kritisiert:

„Dem Diskurs um buen vivir kommt weder eine analytische (auf zusätzlichen Erkenntnisgewinn angelegte Begrifflichkeit) noch eine kohärente und präzise programmatische Bedeutung zu. Gerade in der Übersetzungsarbeit der abstrakten Prinzipien scheint das Hauptproblem zu liegen."

In einem Interview der *Christlichen Initiative Romero* erklärte Alberto Acosta, Ökonom und Initiator von *buen vivir* als Verfassungsprinzip auf die Frage, ob sich dessen Konzept auf Europa übertragen lasse:

"Das ist weder möglich noch empfehlenswert – es wäre ein großer Fehler.. Es sind genau diese Übertragungen von Modellen und Theorien

fern unserer Realitäten, die **in großem Ausmaße die Unterentwicklung verschlimmert haben.** "

Es fänden sich jedoch im kollektiven Bemühen, neue Formen gemeinschaftlichen Lebens zu organisieren, *„aristotelische, marxistische, ökologische, feministische, humanistische und kooperativistische Ansätze."*

Die Debatten Lateinamerikas und Europas seien *„unterschiedlich und ergänzend zugleich".*Wenn im Norden das Wachstum reduziert werde – die Diskussion darüber würde ja geführt – würde die Ausbeutung der Rohstoffe im Süden reduziert. Es wäre zu hoffen, dass Europa, das *„seine Modelle und Ideen verbreitet und aufgedrängt hat",* jetzt die Fähigkeit besitze,von Erfahrungen anderer zu lernen. Wenn er allerdings sehe, wie blind Europa weiterhin die in Lateinamerika gescheiterten Empfehlungen des IWF umsetze, zweifle er daran.

Nun sind auch in Europa Konzepte entstanden, die sich teilweise mit *buen vivir* decken. Dazu gehört die *„Tiefe Ökologie"* des norwegischen Philosophen Arne Naess, der in der ganzen Welt lehrte und sich seit den 70er Jahren in der Umweltbewegung engagierte. Laut Naess geht Tiefenökologie

*„von dem philosophischen oder religiösen Standpunkt aus, der besagt, dass alle Lebewesen wertvoll sind und somit Schutz vor der Zerstörung durch Milliarden von Menschen benötigen. Das ist einer der fundamentalen Punkte...***Es ergibt sich also eine ganzheitliche Betrachtungsweise... die eine grundlegende Haltung und Freude an der Natur mit dem Verhalten in der Gesellschaft für die Natur vereint.**

Andererseits sei sie eine Bewegung von Aktivisten, die sich für eine „grüne Gesellschaft" einsetzen, für soziale Gemeinschaften, die langfristig ökologisch lebensfähig sind und statt dem Lebensstandard die Lebensqualität verbessern wollen.

Für die Gesellschaft für angewandte Tiefenökolgie steht diese

„vor allem für eine radikale Kritik an den Grundüberzeugungen unserer Kultur und Gesellschaft, unserer Politik, unserer Wirtschaft und unseres Erziehungssystems. Ihr Anliegen ist es, der Entfremdung der Menschen von sich selbst und von der Gemeinschaft aller lebenden Wesen der Erde entgegenzuwirken."

Der amerikanische Historiker Theodore Roszak veröffentlichte 1969 *The Making of a Counter Culture* über die Protestbewegung dieser Jahre. 1993 erschien sein Aufsatz *Awaking the Ecological Unconscious Ecopsychology: healing our alienation from the rest of Creation.* Er gründete das Institut für Ökophilosophie an der Universität von Kaliforniern, das die Synthese zwischen Ökologie und Psychologie versucht, die intelligente Benutzung ökologischer Perspektiven in der Praxis der Psychotherapie und eine Neudefinition der Gesundheit, die die Umweltdimension integriert.

Der französische Psychiater und Psychoanalytiker Félix Guattari verbindet in der „Ökosophie" drei Ebenen: die umweltbezogene, die soziale und die mentale. Jedes Verständnis eines Umweltproblems postuliere die Entwicklung von Werten und damit eine ethisch-politische Verpflichtung, die sich in sozialen Praktiken artikuliere. Doch gebe es ein Problem der Neudefinition der sozialen Praktiken, von Methoden der Abstimmung, der Organisation. Das bedeute, den politischen Willen zu formulieren: wolle man eine radikale, globale Änderung des Wertesystems? Wenn nicht, wenn man sich auf kleine sektorielle Schritte beschränke, spiele man der Industrie in die Hände, die würden sehr schnell von der Industrie, vom Staat, von den herrschenden Kräften

„verdaut" werden.

In Deutschland gibt es mittlerweile eine Reihe von Gruppierungen, die nach Alternativen zum Mainstream von 'Kuchen und Spielen' suchen. Im Herbst 2013 veranstaltete das Erste Fernsehprogramm eine Themenwoche zum 'Glück'. Der Deutsche Post Glücksatlas 2013 fragt: *Wie schlagen sich die aktuellen wirtschaftlichen Bedingungen auf unsere Zufriedenheit nieder? Beeinflusst die Euro-Schuldenkrise unser individuelles Glücksempfinden? Oder ist Deutschland auch beim Glück ein Krisengewinner?*

Gibt man Glück bei Google ein, findet man *Wege zum Glücklichsein* (Psychotipps), *Das Glücksportal* mit *Glückonlinetraining!*, Aktion *Schulstunde zum Glück, Erfüllt die Esoterik die Sehnsucht nach Glück und Harmonie*(Ich will Gott erleben)? *Kann man ein Ministerium für Glück in Deutschland etablieren?* (Masterarbeit) *Glücklich leben in Hannover (*Dein Engel erwartet Dich), *das radio - eins – Glückslabor, Glück ist jetzt* (Glück ist käuflich), *Zuhause im Glück* (RTLII), die Sonderausstellung *Glück welches Glück* im Deutschen Hygiene-Museum, ein *Stück vom Glück*(Design), *Glück und Seligkeit* (Restaurant),*Glück teilen mit Menschen in Bhutan, Glück lernen in Bhutan* – auch Bücher u.a.m.

Das Spektrum von Glück ist ebenso weit wie unscharf. Interessant ist das Echo, das die 'Forderung' nach einem Ministerium für Glück und Wohlbefinden gefunden hat, in den traditionellen Medien wie auch auf facebook und you tube. Studenten aus dem Master-Studiengang Kommunikationsdesign der Hochschule Mannheim hatten die Aufgabe, eine Kampagne zu entwerfen,
„die die Wertehaltung innerhalb unserer Gesellschaft verändert, da eine allgemeine Unzufriedenheit zu spüren ist."

Ihr Selbstbewusstsein lässt nichts zu wünschen übrig:

„Wir haben es uns zur Aufgabe gemacht, einen Perspektivwechsel einzuleiten, einen anstehenden Wandel zu initiieren, aktiv zu begleiten und mitzugestalten."

Langfristig möchten sie eine Bewegung ins Leben rufen,

„die allgemeine Haltung und das Handeln hinterfragen... gegebenenfalls verändern...zukünftige Werte definieren und festigen...und nachhaltige Alternativkonzepte erarbeiten."

Es ist ihnen Glück zu wünschen.

Eine dreiteilige Diskussionsreihe der ZEIT-Stiftung und NDR Info über *"Aufbrüche - Vom Reiz des Unbekannten"*, beschäftigte sich im November 2013 mit Menschen, die sich *„ auf den Weg in ein neues Leben"* machen.

Das bundesweite Netzwerk "Aufbruch - anders besser leben"

„ will Menschen zu einem nachhaltigen und zukunftsfähigen Lebensstil anregen und miteinander in Kontakt bringen. Ziel ist ein Wandel "von unten" - also aus der Gesellschaft selbst heraus."

Die Website *Anders leben* informiert über Themen wie „Geldlos und umsonst wirtschaften" (Umsonstökonomie, Verschenknetzwerke, Nutzungsgemeinschaften), „selbstbestimmte Arbeit, eigene Projekte gründen" (gemeinnützige Arbeit, Arbeit gegen Kost und Logis, Subsistenzwirtschaft in Kommunen), „andere alternativökonomische Ansätze" (Tauschringe, Links zu Dienstleistungen, selbst gemachtem Geld, Waren). Zahllos sind Initiativen wie z.B. die *Freiwilligen Agentur Kreuzberg-Friedrichshain*, die Menschen, die sich freiwillig engagieren wollen, an Projekte vermittelt, die ihre Unterstützung brauchen. Oder die *Evolutionsbiologische Kommune Anreizkorrigierte Sozialere Marktwirt-*

schaft die versucht,

„aufgrund allerneuester wissenschaftlicher Erkenntnisse die allerglück-
lichste und gesündeste Gemeinschaft / Parallelgesellschaft der Erde zu
sein."

Die Zeitschrift *oya,* deren Namen in vielen Sprachen Schönes bedeute
(im nigerianischen Yoruba z.B. die Göttin der Transformation), fördert
neue Ansätze in *„vielfältigen Bewegungen für soziale und ökologische*
Anliegen" und will sie zusammenführen.

Am 1. Februar 2012 wurde die Stiftung *Future 2* gegründet und ging
online. Mitgründer und Direktor ist der Sozialwissenschaftler Harald
Welzer, der dafür seine wissenschaftliche Karriere aufgab, weil
Veränderung der Praxis nur durch Praxis geschehen könne. *Future 2* will
durch das Erzählen von vorbildlichen Geschichten Lust an Veränderung
machen.

Utopia.de, ein Portal für Nachhaltigkeit und kritischen Konsum will dazu
beitragen,

„dass Millionen Menschen ihr Konsumverhalten und ihren Lebensstil
nachhaltig verändern...bewusster entscheiden und umweltfreundliche
Produkte und faire Arbeitsbedingungen in aller Welt unterstützen."

Mag sich Vieles ähneln, mag Manches, das sich im Internet findet,
rührend naiv sein, Anderes schon nicht mehr existieren, so wird doch
Eines deutlich: die Suche nach einem „anderen Leben", nach einer
anderen Entwicklung ist lebendig und weit verbreitet.

2012 erschien *Befreiung vom Überfluss* des Mitbegründers des
Oldenburg Center for Sustainability Economics and Management, des
Ökonomen Niko Paech. Er begründet darin das Konzept der
Postwachstumsökonomie, die ihm zufolge alternativlos ist. Der Weg zu
ihr verlaufe in fünf Entwicklungsschritten: *Entrümpelung und*

Entschleunigung, Balance zwischen Selbst- und Fremdversorgung, Regionalökonomie, Stoffliche Nullsummenspiele (Instandhaltung und Aufwertung bereits vorhandener anstelle zusätzlicher materieller Produkte) und Institutionelle Innovationen (begleitende politische Reformen).

Der japanische Intellektuelle Norihiro Kato spricht von einer „Postwachstumsreife" und meint:

„Japan steht heute anscheinend an der Spitze einer neuen Gesundschrumpfungsbewegung. Es geht einen Weg, dem andere Länder früher oder später folgen müssen" und werde *„uns vielleicht zeigen, was es heißt, dem Wachstum zu entwachsen. "*

In den nächsten zwei bis drei Jahrzehnten wird es eine deutliche Trennung der Entwicklung in Nord und Süd geben müssen: während der Norden sein Wachstum einbüßen wird, kann dies für den Süden noch nicht gelten, es wäre nicht nur „kolonialistisch" sondern auch unrealistisch, wollten wir vom Süden erwarten, dass er sich den gleichen Selbstbeschränkungsstandards unterwirft, zu denen der Norden verpflichtet sein wird.

Wilfried Hoffer, Sommer 2014

BEI GRIN MACHT SICH IHR WISSEN BEZAHLT

- Wir veröffentlichen Ihre Hausarbeit,
  Bachelor- und Masterarbeit

- Ihr eigenes eBook und Buch -
  weltweit in allen wichtigen Shops

- Verdienen Sie an jedem Verkauf

Jetzt bei www.GRIN.com hochladen und kostenlos publizieren